Face Occidentale d'Youm-Bournou, Cap à l'entrée de la Mer Noire, Côte d'Asie.

(A) Grotte basaltique semblable à la Grotte de Fingal en Islande.

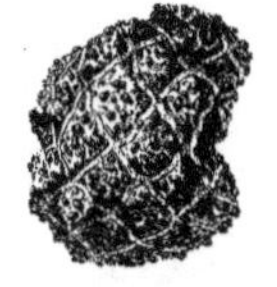

Agglomérat volcanique avec filons
de Chalcédoine, de Buiuk-Liman, Côte d'Europe.

Dessiné par Préaux à Constantinople.

Fragment
d'un Filon de Chalcédoine

Basalte de Buiuk-Liman.

Face Orientale des Cyanées,
Écueil à l'entrée de la Mer-Noire, Côte d'Europe.
(C) Colonne de Pompée.

Gravé par L. J. Allais.

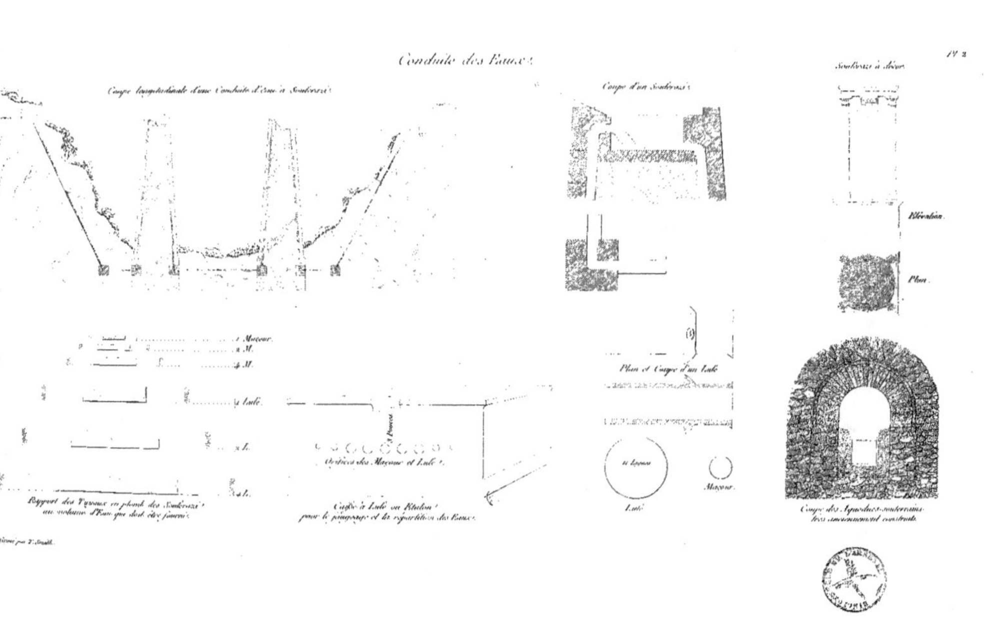


Conduite des Eaux.
Coupe longitudinale d'une conduite d'eau à Souterrain.
Coupe d'un Souterrain.
Souterrain à ciel.
Élévation.
Plan.
Maçonn.
à M.
à M.
à Lule.
à L.
Plan et Coupe d'un Lule.
Orifices des Maçonn. et Lule.
Rapport des Tuyaux en plomb des Souterrains
au volume d'Eau qui doit être fourni.
Coupe à Lule ou Étalon
pour le jaugeage et la répartition des Eaux.
Lule.
Maçonn.
Coupe des Aqueducs souterrains
leur anciennement construit.
Dessiné par F. Smith.
Pl. 2.

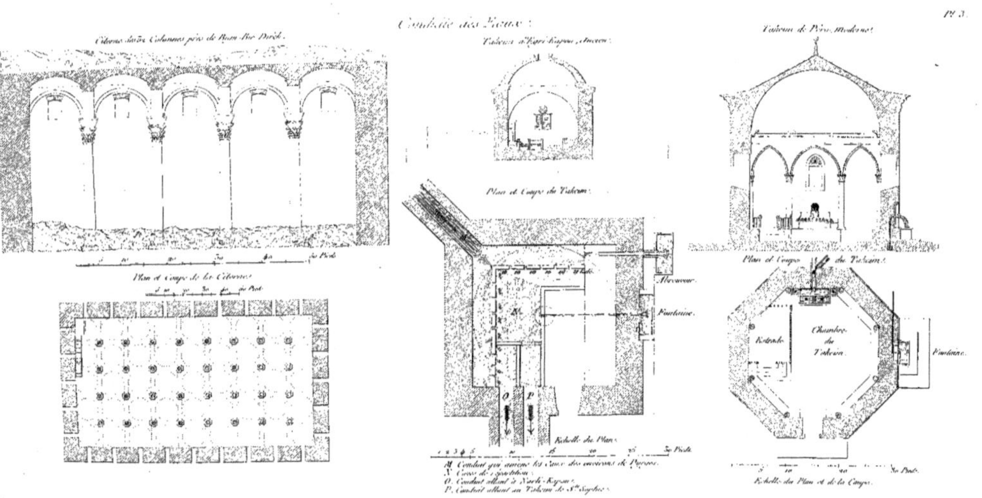
Conduite des Eaux.
Cisternes à cinq Colonnes près de Roum Kior Direk.
Tchesmé d'Egri-Kapou, Ancien.
Tchesmé de Pèra, Moderne.
Plan et Coupe de la Citerne.
Plan et Coupe du Tchesmé.
Plan et Coupe du Tchesmé.
Abreuvoir.
Fontaine.
Retraite
Chambre du Tchesmé
Fontaine.
Echelle du Plan.
Echelle du Plan et de la Coupe.
Pieds.
M. Conduit qui amène les Eaux des environs de Pygros.
N. Cours de circulation.
O. Conduit allant à Naoli-Kapou.
P. Conduit allant au Tchesmé de St. Sophie.
Gravé par T. Smith.

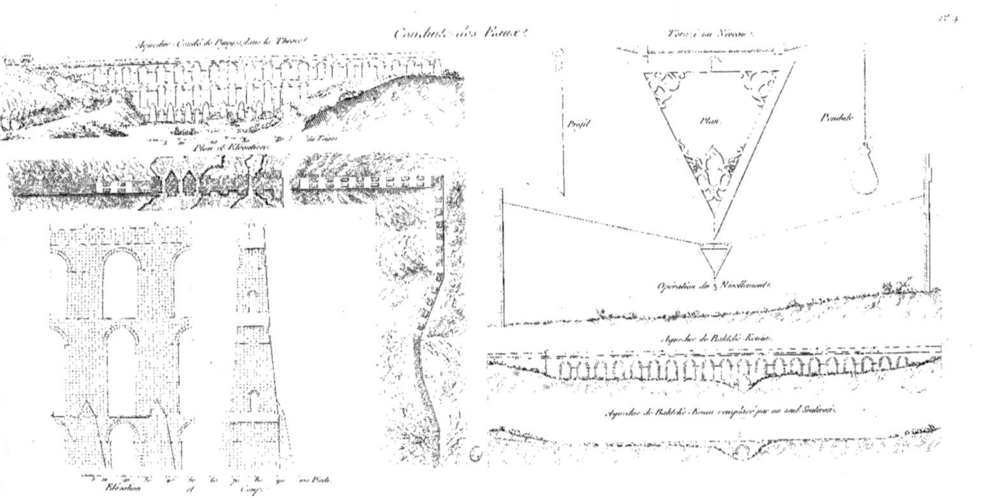

Conduite des Eaux.
Aqueduc Conduit de l'Eau dans la Thrace.
Plan et Élévation.
Élévation et Coupe.
Profil
Plan
Pendule
Visée au Niveau.
Opération du Nivellement.
Aqueduc de Bakktché-Kicua.
Aqueduc de Bakktché-Kicua remplacé par un seul Souterrain.
Gravé par F. Smith.

Coupe du Tchoukour-Bostan.
Tchoukour-Bostan, ou Citerne à Ciel-ouvert.
Plan
du Mur d'enceinte.
Élévation  et  Coupe.
Pieds.


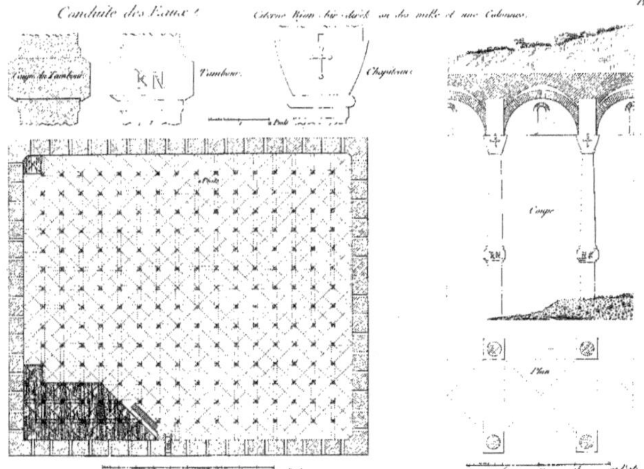

Conduite des Eaux.
Citerne Bien bir direk, ou des mille et une Colonnes.
Coupe du Tambour.
Tambour.
Chapiteau.
Coupe
Plan
Pieds.

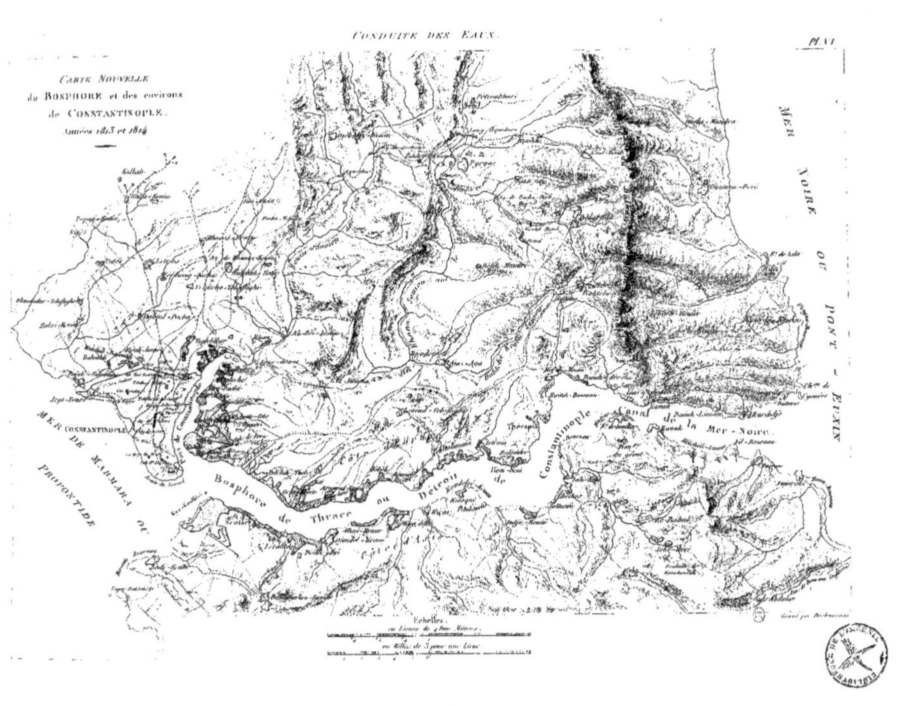

CONDUITE DES EAUX.
PL. VI.
CARTE NOUVELLE
du BOSPHORE et des environs
de CONSTANTINOPLE.
Années 1813 et 1814
MER NOIRE OU PONT-EUXIN
MER DE MARMARA OU PROPONTIDE
Bosphore de Thrace ou Détroit de Constantinople
Canal de la Mer-Noire
Thérapia
Constantinople
Sept-Tours
Échelles
ou Lieues de 4800 Mètres.
ou Milles de 5 pour un Lieue.

L'At-meïdani. ( place de l'hyppodrôme. ) avec la mosquée de Sultan Ahmed.

Châteaux d'Europe et d'Asie et Fontaine de Sultan-Sélim.

Grottes et terrains volcaniques dans le golfe de Kabakos du Canal de la mer Noire.

Fort de Kila sur la mer Noire avec ses souterains.

www.ingramcontent.com/pod-product-compliance
Lightning Source LLC
LaVergne TN
LVHW010129060726
842524LV00005B/1815